Mes petites énigmes

CE2 et CM1
8 - 10 ans

LE MYSTÈRE DU CHÂTEAU

Auteur : Henriette Wich
Traductrice : Sophie Lamotte d'Argy
Illustrateur : Sylvain Frécon

Maquette de couverture : Mélissa Chalot
Maquette intérieure : Mélissa Chalot
Illustration de couverture : Sylvain Frécon
Réalisation PAO de l'intérieur : Médiamax

Title of the original German edition: *Die unsichtbaren 4 –
Der Cäsar-Code*
© 2012 Loewe Verlag GmbH, Bindlach
Cet ouvrage a été proposé à l'éditeur français par l'agence
Editio Dialog, Lille.

Crédit des images : fond matière bois ; paire de lunettes ;
punaise ; boussole ; fond parchemin ; stylo-plume ;
trombone ; crayon : © Shutterstock.

ISBN : 978-2-01-786546-9
© Hachette Livre 2019, 58, rue Jean Bleuzen, CS70007,
92178 Vanves Cedex, pour la présente édition.

www.hachette-education.com

Sommaire

Chapitre 1 : Du courrier d'Amérique — *8*

Chapitre 2 : « Trois, deux, un, partez ! » — *17*

Chapitre 3 : Les 4 Invisibles — *25*

Chapitre 4 : Ragoût de bœuf pour tout le monde — *34*

Chapitre 5 : Du bruit dans les oubliettes — *44*

Chapitre 6 : Watson est sur une piste brûlante — *51*

Chapitre 7 : Fini de rire ! — *61*

Chapitre 8 : Quatre héros et deux tigres — *69*

Les 4 Invisibles

Ben

Ben a les cheveux blonds d'un Viking et ressemble beaucoup à sa maman. C'est un sportif accompli : lorsqu'il ne mène pas l'enquête, il se consacre à son autre passion, le football !

Zoé

Zoé est peut-être la petite sœur de Ben, mais elle ne lui ressemble pas du tout ! C'est une passionnée de photo qui a toujours sur elle son appareil : elle ne manque jamais une occasion de l'utiliser.

Avec ses lunettes rondes, Antoine est l'intellectuel de la bande. Ce joueur d'échecs est aussi le cousin de Ben et Zoé. Il se dit qu'il devrait se mettre sérieusement au sport, car il a souvent du mal à suivre ses cousins...

Antoine

Watson

Watson est un adorable fox-terrier, parfois espiègle, mais toujours courageux : d'ailleurs, les mollets des malfaiteurs qu'il a mordus s'en souviennent encore... Il est doté du flair infaillible d'un chien policier.

Les dernières volontés de Steven Smart

Mes bien chers petits-enfants, Ben, Antoine et Zoé,

Je vous écris la nuit, près de ma fenêtre qu'éclairent les lumières de New York.

Le temps est venu pour moi de vous livrer mon secret. Mais attention : j'ai bien dit « secret » ! Je compte donc sur vous pour ne le divulguer[1] à personne !

Alors voilà... Comme vous le savez, il y a fort longtemps, j'ai fondé à New York un club de détectives, devenu par la suite très célèbre. Nous étions quatre : mon chien Watson, mes amis français Tom et Paul — qui, hélas ! ne sont plus de ce monde — et moi-même. Et savez-vous comment nous avons toujours mené à bien toutes nos enquêtes ? Grâce à trois objets magiques que je tenais de mon propre grand-père : une pièce de monnaie ancienne en cuivre, une bague et un cadenas avec sa clé. Ces objets avaient le pouvoir de nous rendre invisibles.

---

1. divulguer : révéler.

Vous ne me croyez pas ? Faites-en donc l'expérience par vous-mêmes. Dorénavant, ces objets vous appartiennent. Il suffit que vous les touchiez en même temps pour devenir transparents. Ben, tu lanceras la pièce en l'air, puis tu la rattraperas. Zoé, tu enfileras la bague au petit doigt de ta main droite et, Antoine, tu feras tourner la clé dans la serrure du cadenas. Mais attention : à chaque fois, l'effet magique ne dure que sept minutes ! Quand vous commencerez à ressentir des picotements dans les jambes, cela voudra dire qu'il se met à se dissiper. Pour redevenir visible avant que les sept minutes ne soient écoulées, rien de plus simple : chacun de vous devra à nouveau toucher son objet en même temps que les autres.

Bonne chance, mes enfants, et longue vie à votre club de détectives !

Votre grand-père,
Steven Smart

Chapitre 1

Du courrier d'Amérique

– Un, deux… et trois ! s'écria Ben, bondissant hors de son lit.

Zoé enfouit sa tête sous la couette.

– T'es pas obligé de hurler comme ça. Je dormais, je te signale !

– Les détectives ne dorment jamais, répondit Ben.

Il pinça le gros orteil droit de sa sœur qui dépassait de la couette, puis s'enfuit en gloussant dans la salle de bains.

– Qu'est-ce que tu peux être pénible ! râla Zoé.

Elle s'extirpa[1] du lit avec difficulté et, encore tout ensommeillée, suivit son frère.

Sur le miroir, au-dessus du lavabo, était scotchée une photo du fameux grand-père. Il avait des cheveux gris et, tout autour des yeux, plein de ces petites rides qu'ont les gens qui sourient

_____

1. **s'extirpa :** sortit difficilement.

beaucoup. Zoé soupira. Elle aurait tant aimé faire la connaissance du célèbre détective new-yorkais Steven Smart ! Hélas ! ce n'était plus possible. Ce grand-père était mort deux mois auparavant : son cœur s'était arrêté de battre. Zoé n'arrivait toujours pas à le croire.

Ben pressa un tube pour en extraire un peu de gel, puis s'en tartina les cheveux jusqu'à ce qu'ils soient hérissés droit sur sa tête.

– Tu sais quoi ? On va enfin fonder un club de détectives !

– Chuper-idée, répondit Zoé, la bouche pleine de dentifrice. Grand-père aurait été hyper-content !

À moins de les connaître, impossible de deviner que Ben et Zoé étaient frère et sœur. Ben avait dix ans. Avec ses cheveux blonds tirant sur le roux, il ressemblait à un Viking. Ceux de Zoé, sa cadette d'un an, étaient noirs comme le jais, et il suffisait qu'elle s'expose cinq minutes au soleil pour être toute bronzée. Ben ne ratait pas une occasion de jouer au foot, tandis que la passion de Zoé, c'était la photo. Jamais elle ne se séparait de son appareil, même au petit déjeuner.

Maman entra dans la cuisine et se précipita sur eux.

– Un câlin, mes chéris !

Maman était la fille de Grand-Père. Depuis son décès, elle éprouvait tout le temps le besoin de serrer Ben et Zoé dans ses bras.

– Argh ! fit le jeune garçon, se dégageant gentiment de son étreinte.

Sur la table était posé un colis affranchi de trois timbres aux couleurs vives et portant la mention « Par avion ».

– Tiens, du courrier d'Amérique, s'étonna-t-il. De qui ça vient ? Pas de Grand-Père, puisqu'il est mort…

Zoé jeta un œil à l'expéditeur.

– D'un certain Bobby Larson, dit-elle. C'est bizarre : Grand-Père ne parlait jamais de lui dans ses lettres.

Leurs parents n'avaient pas davantage entendu parler de ce mystérieux Américain. Pourtant, le colis était clairement adressé à Ben et à Zoé. Papa alla s'asseoir près de Maman à la table du petit déjeuner.

– Qu'est-ce que vous attendez ? lança-t-il. Allez-y, ouvrez-le !

Ben s'empressa d'aller chercher des ciseaux et coupa la ficelle qui entourait le paquet. Zoé déchira l'emballage et découvrit un livre ainsi qu'une lettre. Elle la lut à voix haute :

– Chère Zoé, cher Ben,

» Je vous adresse mes plus sincères condoléances, suite au décès de votre grand-père. Mais, s'il vous plaît, ne soyez pas trop tristes ! Il portait fièrement ses quatre-vingts printemps et a vécu une vie passionnante. Il y a quelque temps, Steven m'avait confié son testament, dans lequel il vous lègue, à vous deux ainsi qu'à votre cousin Antoine, le livre ci-joint et les objets suivants : Ben hérite donc d'une pièce de monnaie en cuivre, Zoé d'une bague, et Antoine d'une clé en laiton[1] avec un cadenas. Antoine hérite également de Watson, le chien fidèle de votre grand-père.

Ah, j'allais oublier le plus important ! La pièce de monnaie, la bague et le cadenas se trouvent dans une pochette accrochée au collier de Watson.

Amitiés de New York et tous mes vœux de réussite !

» Bobby Larson.

---

1. laiton : mélange de deux métaux (du cuivre et du zinc).

Dépité, Ben laissa tomber la lettre sur la table.

– Une vieille pièce de monnaie… tu parles d'un cadeau !

– Et moi, qu'est-ce que je vais faire de cette bague ? s'exclama Zoé.

Et puis, autre chose la contrariait, mais elle n'osait pas le dire : pourquoi était-ce Antoine, et non pas Ben et elle, qui héritait de Watson ?

– Votre cousin vous laissera sûrement jouer avec son chien, dit Papa, comme s'il avait lu dans les pensées de Zoé. D'ailleurs, vous devriez aller lui rendre visite. Cela fait une éternité que vous ne vous êtes plus vus.

Maman esquissa son premier sourire depuis des jours.

Que contient le colis arrivé d'Amérique ?

– Excellente idée ! Antoine est un garçon si gentil, si intelligent : si…

– … si travailleur, si soigneux, et si doué pour les échecs, on sait ! renchérirent Ben et Zoé, excédés.

Ils ne comprenaient pas ce que Maman lui trouvait, à cet Antoine. Comme si le fait qu'il soit dans la même classe que Ben n'était pas déjà assez pénible ! Ni l'un ni l'autre n'avait envie de supporter ses grandes phrases prétentieuses en dehors des cours.

– Allez, les enfants, dit Maman. Papa et moi partons travailler. Dépêchez-vous de déjeuner, et hop ! en route pour l'école. À ce soir !

– À ce soir, ronchonna Zoé en fixant la reliure de cuir toute craquelée du livre.

Était-ce un roman policier ? Néanmoins curieuse, elle l'ouvrit à la première page et lut : « *Journal de Steven Smart, détective.* » Puis elle le feuilleta et découvrit toutes sortes de conseils pratiques. Il s'agissait, en fait, d'un manuel pour enquêteurs. Zoé devint soudain fébrile ! Une feuille libre s'échappa du livre.

Ben l'attrapa au vol.

– Qu'est-ce que c'est que ça ? Encore une lettre[1] de Grand-Père ?

Ils s'empressèrent de la lire, tout excités.

Ben et Zoé se regardèrent, interloqués[2].

Devenir invisibles ? Génial ! D'ailleurs, ils tenteraient bien l'expérience tout de suite. Sauf que la perspective de devoir aller chez Antoine fit retomber leur enthousiasme. Grand-Père ne pouvait décidément pas exiger cela d'eux, aussi célèbre fût-il.

---

1. Tu peux relire cette lettre aux pages 6 et 7.
2. **interloqués :** très surpris.

Question

Quel pouvoir étonnant possèdent les trois objets légués par Steven Smart ?

Chapitre 2

« Trois, deux, un, partez ! »

Le lendemain, Ben et sa sœur se tenaient devant la maison d'Antoine.

– On peut encore faire demi-tour, suggéra Ben.

Zoé hésita une seconde de trop : leur cousin venait d'ouvrir la porte. Il cligna des yeux derrière ses lunettes rondes et marmonna :

– Tiens, c'est vous. Bah, entrez.

Du Antoine tout craché, cet accueil. Un jour, alors qu'ils étaient venus chez lui, il ne leur avait carrément pas ouvert la porte. Plongé dans une partie d'échecs, il n'avait pas entendu la sonnette.

– On est contents de te voir, dit Zoé, hypocrite.

Ils pénétrèrent dans un couloir étroit, bien décidés à ne pas prolonger cette visite plus longtemps que nécessaire. Tout à coup, une petite boule de poils surgit de l'obscurité et vint à leur rencontre.

– Salut, toi ! s'exclama Ben en riant. Tu dois être Watson, pas vrai ?

Le fox-terrier blanc aux oreilles marron remua la queue, puis fonça dans la chambre d'Antoine, sauta sur le lit et farfouilla sous la couette. Ensuite, il s'assit sur l'oreiller et regarda les trois enfants d'un air innocent.

– Il sait très bien qu'il n'a pas le droit d'aller sur le lit, soupira Antoine. Mais il recommence à chaque fois.

– Laisse-le, dit Ben qui trouvait la chambre de son cousin trop bien rangée à son goût.

– On t'a apporté le journal de détective de Grand-Père et aussi une lettre adressée à nous trois, déclara Zoé. Il y explique comment se rendre invisible !

– Pff, ouais, je suis au courant…, répondit Antoine.

Ben et sa sœur échangèrent un regard stupéfait. Une fois de plus, Monsieur-je-sais-tout était renseigné avant eux.

– Grand-Père m'a écrit, à moi aussi, pour me dire comment nourrir Watson et que son flair était infaillible, poursuivit Antoine. Quant à cette histoire de se rendre invisible, pour ma part, je suis très sceptique[1].

Il remonta ses lunettes un peu plus haut sur son nez et poursuivit :

– L'être humain est constitué de milliards d'atomes minuscules qui ne se laissent pas décomposer aussi facilement, parce que…

– Te fatigue pas, l'interrompit Ben. Bon, alors si je comprends bien, tu ne veux même pas jeter un œil à son journal ?

– Si, si, bien sûr, répondit Antoine, parcourant le livre avec détachement[2].

De quelle race est Watson ?

---
1. **sceptique :** qui n'est pas convaincu.
2. **avec détachement :** sans montrer beaucoup d'intérêt.

Mais son regard s'illumina lorsqu'il tomba sur le chapitre intitulé « Codes secrets ».

– Voyons… le code de César… oui, ça, ça me rappelle quelque chose.

– Bon, tu le liras plus tard, s'impatienta Zoé. Vas-y, file-nous la pièce en cuivre et la bague, qu'on puisse enfin devenir transparents !

– Si ça vous amuse, articula Antoine en haussant les épaules.

En réalité, lui aussi avait hâte[1] de tenter l'expérience ; seulement pour rien au monde il ne l'aurait avoué.

---

1. **avait hâte :** était pressé.

– Watson, tiens-toi tranquille cinq minutes, dit-il en ouvrant la petite pochette de cuir suspendue au collier du fox-terrier.

Quoiqu'un peu rouillés, les trois objets magiques étaient bien là, sous leurs yeux. Zoé s'empressa de les prendre en photo. Ensuite, Ben les distribua à chacun d'eux, et les enfants se placèrent en cercle. Dans la pièce régnait soudain un silence religieux.
– Trois, deux, un, c'est parti ! s'écria Ben.

Il lança sa pièce en l'air et la rattrapa sur le dos de sa main. Zoé enfila la bague, et Antoine tourna la clé dans la serrure du cadenas.

D'abord, rien. Puis, tout à coup, l'étagère, la table et le lit se mirent à tourbillonner en même temps. Le sol se dérobait sous leurs pieds et ils ne sentaient plus ni leurs bras ni leurs jambes. Tout était si léger ! Ils se précipitèrent vers le miroir, et là… PERSONNE ! Ils constatèrent qu'ils se voyaient toujours les uns les autres ; pourtant, dans le miroir, aucun reflet.

– Mais… mais enfin, bredouilla Antoine, autant d'atomes ne peuvent pas se désagréger comme ça !

– Ben, pince-moi, pour voir, suggéra Zoé. Aïe !

Les trois cousins se tenaient devant le miroir, pétrifiés. Devant eux, la porte de la chambre s'ouvrit, sans qu'ils l'aient remarqué ; la silhouette de la maman d'Antoine apparut dans la glace.

– Tiens, il n'y a que le chien. C'est bizarre : j'aurais pourtant juré avoir entendu des voix, murmura-t-elle avant de quitter la pièce.

Maintenant, ils en avaient la preuve irréfutable : le sortilège de Grand-Père fonctionnait !

Chapitre 3

Les 4 Invisibles

Watson reniflait le sol, à la recherche de quelque chose. Bientôt, il mordilla une jambe du pantalon invisible d'Antoine.

– Bravo, mon chien, le félicita ce dernier. Allez, viens !

Pourtant, une fois dans les bras de son maître, Watson se mit à gémir.

– Qu'est-ce que t'as ? s'étonna Antoine.

Ben désigna le miroir.

– Il est… il est devenu invisible, lui aussi !

– Hé, regardez, s'écria Zoé en agitant l'appareil photo qu'elle n'avait pourtant pas lâché une seconde.

– Invisible, comme nous ! constata Ben.

– Cette fois, c'est indéniable[1], dit Antoine en caressant la tête de Watson : ce phénomène aussi étrange que mystérieux s'applique également à nos habits ainsi qu'à tout ce que nous touchons.

– Jamais t'arrêtes de parler comme un savant !? s'énerva Ben.

– Ce n'était pas fait exprès, répondit Antoine d'un air si désolé que son cousin l'excusa tout de suite.

Zoé se dirigea alors vers le mur.

– Attendez ; j'essaie vite fait un truc, dit-elle.

Bam ! Sa tête heurta le béton.

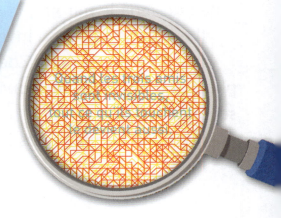

Pourquoi Watson est-il aussi devenu invisible ?

---

1. **indéniable :** incontestable.

– Oh, dommage ! J'espérais pouvoir aussi passer à travers les murs et les portes.

– Toi, t'as trop lu d'histoires de fantômes, pouffa[1] Ben.

Antoine se frotta la jambe.

– Vous sentez ces picotements, vous aussi ?

– Oui, répondit Zoé. Trop bizarre, comme ça chatouille. Est-ce que ça veut dire qu'on va redevenir visibles ?

Ben jeta un œil à sa montre.

– C'est bien possible : les sept minutes sont presque écoulées[2].

Ils se plantèrent à nouveau devant le miroir. Toujours rien. Cependant, quatre ombres à peine perceptibles mais aux contours parsemés d'éclairs se dessinèrent peu à peu. Lentement, elles devinrent colorées et les éclairs disparurent. Voilà, ils se retrouvaient là, tous les quatre, en chair et en os. Comme s'il ne s'était rien passé.

– Cool ! lança Zoé.

---

1. **pouffa :** éclata de rire sans pouvoir se retenir.
2. **écoulées :** passées.

– Warff, warff ! jappa Watson en s'ébrouant comme s'il voulait se débarrasser d'une invasion de puces.

Antoine pouvait le comprendre. Être invisible était une sensation vraiment étrange. Et ces picotements qui ne s'arrêtaient plus…

– Oh, là là ! ça fout la trouille, dit Ben en contemplant ses bras au duvet tout hérissé. Cela ne lui arrivait jamais.

– T'en fais pas, frérot : on s'y habituera vite, répliqua Zoé. Vous vous rendez compte de tout ce qu'on va pouvoir faire ? Prendre des suspects en filature, suivre des criminels… Et tout ça, sans que personne remarque quoi que ce soit, puisque nous serons transparents comme l'air !

Ben approuva, à nouveau enthousiaste. Invisibles, ils seraient invincibles. N'empêche qu'il aurait vraiment préféré fonder ce club de détectives juste avec Zoé. Tous les deux se seraient franchement bien passés de s'associer avec leur cousin.

– Bon, je pense qu'il est temps maintenant de passer à l'action, dit Antoine. À nous trois, plus Watson et son odorat infaillible, nous allons former une équipe sensationnelle !

– Ben oui, approuva Zoé. Et puis, c'est ce que voulait Grand-Père…

Ils se sentirent un peu tristes en pensant à lui. Sur les photos, il avait toujours l'air si joyeux et si classe. Ils avaient tant envie de lui ressembler ! Steven Smart serait fier de ses petits-enfants !

Ben alla chercher son journal.

– J'ai lu que Grand-Père et ses amis avaient adopté une devise lorsqu'ils ont fondé leur club, dit-elle.

– Et si on faisait la même chose ? Nous aussi, on pourrait conclure un pacte ! s'emballa Antoine.

Sa cousine acquiesça.

Tous les quatre se mirent en cercle, puis, baissant la tête dans une attitude de recueillement, déclarèrent (Watson y compris) :

– Un chien et trois amis,
Unis pour toute la vie.
C'est nous, les 4 Invisibles,
Qui toujours atteignons notre cible !

– Allez, prenons une photo pour immortaliser ce moment, dit Zoé.

Elle posa son appareil sur le bureau d'Antoine, déclencha le retardateur, puis courut se poster auprès des garçons et du chien juste avant que le flash ne les éblouisse.

Chapitre 4

Ragoût de bœuf pour tout le monde

— Je déteste les sorties scolaires, râla Ben en montant dans le bus qui devait emmener les CM1 et CM2 visiter le château de Quérifond.

Zoé l'approuva et Antoine acquiesça, lui aussi, même s'il en connaissait un rayon sur les châteaux forts. Mais cette excursion tombait vraiment mal. Cette journée aurait été idéale pour se mettre en quête d'un local pour leur club de détectives. Tant pis ! il leur faudrait remettre ça à une autre fois. Heureusement, ils purent s'installer tout au fond du car.

— Dire qu'on n'a même pas eu le droit d'emporter nos portables, grommela Zoé qui, sans téléphone, se sentait presque aussi nue que sans son appareil photo.

Elle fourra celui-ci dans son cartable avant que Mme Chevrier ne lui interdise de le prendre, lui aussi.

– Le plus injuste, c'est que Watson n'a pas eu le droit de nous accompagner, renchérit Antoine. N'importe quoi ! Au Moyen Âge, tous les chevaliers avaient des chiens…

Ben haussa les épaules.

– Mme Chevrier a sûrement eu peur qu'il fasse une crotte au pied d'une armure de chevalier !

Quel château les trois amis vont-ils visiter ?

Tous les trois éclatèrent de rire. Ensuite, Antoine se plongea dans un livre et Ben et Zoé contemplèrent le paysage à travers la vitre. Ils virent défiler des arbres, des champs et des collines. Puis, au bout d'un certain temps, le car se mit à grimper une montagne très escarpée[1]. Au sommet, perché tout en haut d'un rocher, se dressait un château fort constitué de quatre tours aux murs gris et épais.

1. **escarpée :** en pente raide.

– Pas mal, admit Ben.

Ils descendirent du car ; des cailloux crissèrent sous leurs pieds. Sur le parking, ils virent un gros véhicule tout-terrrain gris métallisé et une camionnette blanche portant l'inscription « Livraison de votre festin de chevaliers à domicile ». Juste derrière, un sentier pavé menait au portail.

– Bienvenue au château de Quérifond ! leur lança un monsieur blond portant costume et cravate. Je suis le prince François, et voici ma fille, la princesse Rosalie.

La petite fille esquissa une révérence ridicule et déclara :

– Désolée, mais je ne pourrai vous rejoindre qu'à la fin de votre visite. Là, tout de suite, je dois aller m'occuper de mes tigres.

Puis elle imita le feulement des félins et s'enfuit en gloussant. Ben se frappa le front et Zoé leva les yeux au ciel. De toute évidence, la princesse était dingue.

– Suivez-moi, dit le propriétaire. Je vais vous faire visiter notre musée.

D'habitude, le frère et la sœur bâillaient d'ennui à la simple évocation du mot *musée*. Mais celui-ci était différent. Il renfermait sûrement des tas d'armures, d'épées, de lances et de cottes de mailles. Tandis qu'ils s'y promenaient, béats d'admiration, Antoine en profita pour poser mille et une questions au propriétaire, auxquelles il répondait lui-même le plus souvent.

– Eh bien, dis donc, tu as l'air de connaître plein de choses sur les chevaliers, le félicita le prince.

Ben et Zoé soupirèrent, regrettant plus que jamais de ne pas s'être déclarés malades pour se mettre en quête d'un local de détectives.

Combien de véhicules y a-t-il sur le parking quand les classes arrivent au château ?

– On a faim. Y a à manger ? demanda Ben d'une voix forte.

Le prince François sourit.

– Mais bien sûr. Venez ; je vous emmène dans la salle des Chevaliers.

Il y flottait un délicieux fumet[1]. Un cuisinier déposa sur la grande table en bois une marmite remplie de ragoût de bœuf.

– Ici, on mange avec les doigts, bougonna-t-il.

Puis il jeta sa manique[2] bleue dans un coin et s'en alla d'un pas pesant.

Tous se précipitèrent sur le savoureux ragoût. Le propriétaire du château mangeait lui aussi de bon appétit, lorsque soudain son téléphone mobile sonna.

– C'est pas juste. Il a le droit d'avoir son portable, lui, protesta Zoé.

Le prince François lut son texto et devint blême [3]. Puis il échangea quelques phrases à voix basse avec Mme Chevrier et se leva de table.

---

1. **fumet :** odeur.
2. **manique :** demi-gant qui protège la main.
3. **blême :** très pâle.

– Je suis navré, mais je dois absolument aller vérifier quelque chose. Votre institutrice vous conduira vers la sortie.

Mme Chevrier frappa dans ses mains.

– Dépêchez-vous de finir de manger. Nous devons remonter dans le car.

– Déjà ? s'exclamèrent les enfants, terriblement déçus.

Antoine, Ben et Zoé lambinèrent[1] un peu, parce qu'ils voulaient retourner voir les épées.

– Vous croyez que je peux en prendre une dans la main ? demanda la fillette.

Son cousin fit « non » de la tête.

– Certainement pas, répondit-il.

Sa voix résonnait soudain d'une manière étrange. Les trois enfants se retournèrent : la grande salle était vide. Toute la classe était partie. Tandis qu'ils s'élançaient vers la porte, quelqu'un tourna la clé dans la serrure. Choqués, ils s'interrogèrent du regard.

– On nous a enfermés ! s'exclama Ben.

---

1. **lambinèrent :** traînèrent.

Question

Où les amis se retrouvent-ils prisonniers ?

Chapitre 5

Du bruit dans les oubliettes

Tous les trois secouèrent la poignée en même temps.

– Hé ho, y a quelqu'un ? Vous nous entendez ?

Silence.

– Mince alors, dit Antoine. Ils sont partis sans nous !

– Super ! gémit Zoé. Et on n'a même pas de portable pour prévenir Mme Chevrier ! Nous voilà obligés de poireauter ici pendant des heures…

– Comment ça, poireauter ? On n'a qu'à en profiter pour visiter tranquillement les lieux, suggéra Ben d'un air malicieux en désignant une seconde petite porte située près de la cheminée.

Par chance, celle-ci n'était pas fermée à clé. Derrière, il faisait noir comme dans un four. Ou plutôt comme dans une cave humide qui sentait un peu le moisi.

Antoine cligna des yeux, tout excité.

– On parie qu'en bas, il y a des oubliettes ou même une salle de torture ?

Pour une fois, Ben et Zoé n'étaient pas fâchés qu'Antoine soit si calé en châteaux forts. Ben sortit une torche électrique de sa poche. Il l'avait achetée la veille avec l'idée de s'en servir dans le cadre de leur club de détectives.

– Allons-y ! dit-il en l'allumant.

Ils descendirent des marches glissantes qui menaient à la cave. De temps en temps, ils sentaient un truc collant chatouiller leur visage : des toiles d'araignée. Soudain, ils entendirent un couinement aigu : une souris venait de frôler les pieds de Zoé.

– Dégage, toi ! maugréa la fillette.

Une fois arrivé en bas de l'escalier, Ben éclaira un long et sombre corridor avec sa torche électrique. Antoine passa devant lui.

– Regardez, là : une grille ! Ce doit être les oubliettes.

« Clic-clac, clic-clac », fit l'appareil photo de Zoé.

– Si ça se trouve, on va découvrir des restes d'ossements ou même des têtes de morts, dit Antoine.

Puis, s'arrêtant à mi-chemin :

– Vous entendez ?

Ben et Zoé tendirent l'oreille. Oui, ils entendaient un bruit sourd et répété qui provenait clairement des oubliettes.

– Vous croyez qu'il y a quelqu'un ? chuchota Ben.

– Essayons d'ouvrir cette grille, dit Zoé en crachant dans ses mains.

Ils se tenaient devant les épais barreaux de fer lorsque, tout à coup, ils perçurent derrière eux le bruit de pas lourds et pesants. Quelqu'un descendait l'escalier avec une lampe de poche.

Aveuglés par le faisceau de lumière, ils ne distinguèrent d'abord qu'une silhouette massive.

– Qu'est-ce que vous faites là, vous ? tonna la voix du cuisinier, qui semblait très contrarié. Remontez immédiatement !

Ben s'immobilisa tout net.

– On a entendu des bruits qui venaient des oubliettes.

Le cuisinier éclata de rire et leur lança un regard mauvais.

– Des bruits, il y en a toujours dans ce genre de châteaux où la tuyauterie est très ancienne. Allez, ouste ! ordonna-t-il en les poussant vers l'escalier.

Lorsqu'ils parvinrent à la grille d'entrée, Mme Chevrier se précipita vers eux, les joues en feu.

– Mais où étiez-vous passés ? Je me suis fait un sang d'encre. Vous allez bien ?

– Mais oui, dit Ben.

Qu'y a-t-il au bas de l'escalier ?

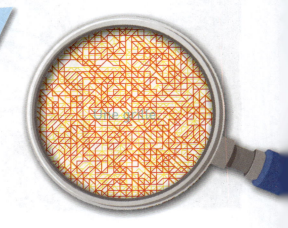

48

    Juste derrière leur institutrice, visiblement dans tous ses états, apparut le maître de maison.

— Ah, je vois que tout est rentré dans l'ordre. Bon, je ne vous retiens pas. Allez, au revoir…

    Il semblait aussi pressé qu'auparavant, dans la salle à manger. Quant à sa fille Rosalie, elle avait purement et simplement disparu. Non pas que la princesse foldingue leur manquât, mais Antoine, Ben et Zoé auraient tout de même bien aimé en savoir davantage sur ses fameux tigres.

— Drôle de type, dit Zoé en montant dans le car. Il était pourtant aimable à notre arrivée…

— Alors que le cuistot, pas du tout ! renchérit Antoine. Ses ancêtres devaient être de vrais bandits de grand chemin !

Question

Qui a retrouvé les enfants et les a raccompagnés à la porte du château ?

Chapitre 6

Watson est sur une piste brûlante

Le lendemain matin, Antoine remplissait la gamelle de Watson tout en se bouchant le nez.

– Tiens ! du foie de volaille. C'est ton plat préféré, non ? Mais, si tu n'y vois pas d'inconvénient, moi je préfère manger du müesli.

Watson n'avait rien contre. Ravi, il mastiquait sa pâtée à grand bruit, tandis qu'Antoine ouvrait le journal du week-end. « ça alors, comme c'est étrange… »

Le musée du château de Quérifond est fermé pour une durée indéterminée. Les réservations de visites guidées seront reportées. Le prince François vous prie de l'excuser pour la gêne occasionnée.

Pourquoi donc avaient-ils subitement fermé le musée ? Les oreilles d'Antoine commençaient à le démanger. Cela lui arrivait fréquemment quand il jouait aux échecs et qu'il était sur le point de comprendre la stratégie de son adversaire. Il repensa aux bruits sourds et répétés entendus dans la cave du château. Provenaient-ils vraiment des vieux tuyaux rouillés ? Qu'y avait-il donc dans ces oubliettes ? Pensif, il contempla Watson qui léchait sa gamelle vide. Tout à coup, il frappa du poing sur la table.

– Les tigres !

Une heure plus tard, Antoine, Ben et Zoé pédalaient en direction du château, et Watson trottinait à leurs côtés.

– Cette princesse ne s'en tirera pas comme ça ! s'exclama Zoé. Enfermer des tigres dans les oubliettes, c'est de la maltraitance d'animaux.

Ils commençaient à grimper la montagne au sommet de laquelle s'érigeait le château et durent pédaler plus énergiquement.

– Ce n'est pas forcément elle qui les a enfermés. Peut-être que c'est son père et son complice, le cuisinier, dit Ben.

– Possible, souffla Antoine qui avait bien du mal à suivre ses cousins.

Il pensa à son père qui l'incitait toujours à suivre l'exemple de Ben en faisant de l'exercice. Comme si jouer aux échecs n'était pas un sport ! Mais il devait bien admettre qu'un détective digne de ce nom avait tout intérêt à être en bonne condition physique.

Que soupçonne Antoine ?

– Te voilà enfin ! lança Ben en le voyant arriver, dégoulinant de sueur.

– Je ne voulais pas semer Watson : il ne pouvait pas courir plus vite, se justifia Antoine.

Il n'avait même pas besoin de mentir : le pauvre chien haletait comme un dératé.

– Alors, du nouveau ?

Zoé fit « non » de la tête.

– Rien à signaler. Le parking est vide et le portail fermé. Mais je pense qu'on devrait se cacher malgré tout. Ou alors y aller en mode invisible.

– Non, pas si ce n'est pas indispensable, dit Antoine. N'oubliez pas qu'à chaque fois, l'effet magique ne dure que sept minutes.

Ils se cachèrent donc derrière un fourré. Peu de temps après, le portail s'ouvrit comme par enchantement. Le véhicule tout-terrain gris métallisé le franchit à vive allure, conduit par le prince François.

Antoine prit Watson dans ses bras et s'écria :

– Vite, c'est le moment ou jamais de devenir transparents !

Ils s'emparèrent de leurs objets magiques, et Zoé se mit à compter :

— Attention : trois, deux, un, zéro !

Il leur sembla que le sort mettait une éternité à agir. Le portail commençait déjà à se refermer. Ils se mirent à courir aussi vite qu'ils purent.

– C'est bon : on a réussi ! dit Ben dans un souffle.

Ils parcoururent les salles désertes du musée. Dans celle des Chevaliers, le chaudron était toujours posé sur la table, ainsi que la manique bleue. Zoé eut soudain une idée.

– Antoine, fais renifler la manique à Watson.

Le fox-terrier fourra son museau dans le gant, puis se mit à effectuer des bonds. Ensuite, il détala si vite que les enfants avaient peine à le suivre. Deux étages plus haut, il gratta à une porte en bois.

– Tu veux qu'on entre dans cette pièce ? demanda Antoine.

Watson aboya deux fois de suite. Les 4 Invisibles pénétrèrent dans une chambre où il y avait seulement un lit, une armoire et une table. Sur la table étaient posées une toque de cuisinier et une feuille de papier. Watson avait vraiment un flair extraordinaire !

– Qu'est-ce que c'est que ça ? demanda Zoé.

Elle photographia les lettres étranges qui étaient inscrites sur la feuille :

Hvw-fh txh od shwlwh yd elhq ? Ylhqv d txdwuh khxuhv dyhf od fdplrqqhwwh. Qrxv od vruwlurqv ghv rxeolhwwhv hw o'hpphqhurqv dloohxuv. Mxvwh dsuhv, rq d uhqghc-yrxv dyhf oh ylhxa. Lo grlw sdbhu, pdlqwhqdqw !

– Un code secret, il ne manquait plus que ça ! soupira Ben. Si seulement nous avions le journal de détective de Grand-Père…

Antoine sortit de sa poche une rondelle en carton.

– Ce ne sera pas nécessaire. Ce que nous avons sous les yeux est le code de César. J'ai bricolé ce tableau pour le déchiffrer. Tout ce qui nous reste à faire, c'est trouver de combien de places ces lettres sont décalées dans l'alphabet.

– Cool ! s'écrièrent Ben et Zoé.

Ils cherchèrent à tâtons, essayant plusieurs formules. Puis ils posèrent le *d* du cercle inférieur sur le *a* du cercle supérieur. Tout à coup, les lettres formèrent des mots intelligibles :

Est-ce que la petite va bien ? Viens à quatre heures avec la camionnette. Nous la sortirons des oubliettes et l'emmènerons ailleurs.

Juste après, on a rendez-vous avec le vieux.

Il doit payer, maintenant !

Question

À quelle heure les deux malfaiteurs se sont-ils donné rendez-vous ?

Chapitre 7

Fini de rire !

D'un seul coup, Antoine, Ben et Zoé réalisèrent trois choses :

1) Il était 15 h 50. La camionnette allait arriver d'une minute à l'autre.

2) Dans les oubliettes, il n'y avait pas de tigres, mais la princesse Rosalie.

3) Le cuisinier et son complice avaient l'intention d'enlever Rosalie et de réclamer une rançon au prince.

— Nous devons absolument sauver la princesse, s'exclama Ben. Vite, descendons aux oubliettes !

Mais Zoé retint son frère par le bras.

— Non. Mieux vaut les prendre sur le fait, après, sur le parking.

— Zoé a raison, dit Antoine en empochant la lettre. Mince, ça me picote dans les jambes. Nous sommes en train de redevenir visibles !

— Tant pis : on y va quand même ! protesta Ben.

Mais dans l'escalier résonnaient déjà des pas lourds et pesants.

— Léo ?

Ils reconnurent la voix du cuisinier.

— C'est toi ? Qu'est-ce que tu fais dans ma chambre ?

Watson grogna. Il l'avait, bien sûr, immédiatement reconnu à son odeur. Tous crocs dehors, il fonça vers la porte en aboyant.

— Au secours, un chien ! s'écria le cuisinier qui fit demi-tour et prit la fuite.

Cela tombait bien : à peine ce dernier était-il parti qu'Antoine, Ben et Zoé redevenaient visibles.

La fillette secoua les bras pour se désengourdir.

— Eh ben, dites donc, il était moins une !

— Poursuivons-le ! s'exclama Antoine.

Qui est, en réalité, prisonnier dans les oubliettes ?

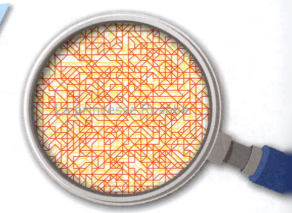

Ils dévalèrent l'escalier, puis traversèrent la salle des Chevaliers. Les pas du cuisinier s'éloignaient de plus en plus, jusqu'à disparaître complètement.

– Il nous a semés ! dit Ben. Il est sûrement déjà en bas, dans les oubliettes. Vite, allons au parking !

Ils traversèrent le musée au pas de course et parvinrent enfin à la sortie, complètement hors d'haleine. Puis ils se mirent à trois pour pousser le portail, mais celui-ci ne bougea pas d'un millimètre.

– Saleté de grille, elle doit bien s'ouvrir d'une manière ou d'une autre, s'énerva Antoine.

– Y a qu'à demander, répondit Zoé, trop contente d'être pour une fois plus maligne que son cousin.

Elle appuya sur un bouton rouge. Un drôle de grésillement se fit entendre, puis le bouton devint vert et le portail s'ouvrit de manière automatique.

Dès que la voie fut libre, ils empruntèrent le chemin pavé en courant jusqu'au parking, puis se cachèrent à nouveau derrière un buisson. La camionnette blanche portant l'inscription « Livraison de votre festin de chevaliers à domicile » était garée à trois mètres d'eux.

63

– Et accessoirement ils livrent aussi des princesses, bougonna Ben.

Antoine et Zoé ne purent s'empêcher de pouffer.

Mais, quelques secondes plus tard, plus personne n'avait envie de rire. Le cuisinier et son complice, un type barbu, étaient en train d'emmener la princesse Rosalie qu'ils avaient ligotée[1] et bâillonnée[2]. Les yeux grands ouverts, elle se débattait comme un diable, mais ses ravisseurs étaient plus forts qu'elle.

– Ça suffit maintenant : la plaisanterie a assez duré ! s'écria Antoine, choqué.

Les trois amis bondirent hors de leur cachette, devancés par Watson qui aboyait d'un air menaçant en montrant les crocs. Zoé dégaina son appareil photo et s'apprêta à photographier les malfaiteurs. Le cuisinier et son complice furent si surpris qu'ils restèrent plantés là, figés comme des statues. Ils ne se ranimèrent que lorsque Watson attrapa la jambe de pantalon de l'un d'eux dans sa gueule.

– Aïe ! s'écria le cuisinier. Léo, à l'aide !

---

1. **ligotée :** attachée solidement par une corde.
2. **bâillonnée :** avec un morceau de tissu devant la bouche.

Dans sa frayeur, il lâcha leur prisonnière.

– T'excite donc pas comme ça, Jean-Pierre, bougonna son complice.

Il voulut pousser la princesse dans la camionnette, mais les enfants furent plus rapides et se ruèrent sur lui. Ben et Zoé attrapèrent Léo par les bras et les lui croisèrent dans le dos. Antoine en profita pour sortir Rosalie de la mêlée et l'emmener à l'écart. Il défit son bâillon et trancha les liens à ses poignets avec son couteau suisse. Des larmes coulaient sur les joues de la petite fille.

— Vous le regretterez ! dit Antoine, se plantant devant elle comme pour la protéger.

Léo se dégagea de l'emprise de Ben et de Zoé avec un sourire mauvais.

— On n'a pas dit notre dernier mot, répondit-il. Si vous croyez que des petits vauriens[1] comme vous nous impressionnent ! Vous n'avez aucune preuve contre nous. Aucune !

---

1. **vauriens :** voyous.

Chapitre 8

Quatre héros et deux tigres

– Parfaitement, renchérit Jean-Pierre.

Furieux, il essayait de dégager sa jambe de la gueule de Watson. Mais c'était mal connaître le petit fox-terrier qui, à New York, avait déjà neutralisé des types autrement plus terrifiants que lui.

– Détrompez-vous ! dit Zoé en désignant son appareil photo. Des preuves, j'en ai plein, là-dedans.

– Sans parler de la lettre que vous avez écrite au cuisinier, ajouta Antoine en brandissant le précieux document. Votre code de César, franchement, ce n'était pas bien sorcier à décrypter…

Puis il le fourra dans la poche de son jean pour que Léo ne puisse pas s'en emparer. Mais ce n'était même plus nécessaire.

— Je le savais que ça tournerait mal, dit soudain ce dernier, comme se parlant à lui-même. Ça m'apprendra à monter des coups avec un débutant.

Jean-Pierre cracha par terre.

— Débutant toi-même ! Sans moi, tu n'aurais jamais pu approcher la petite.

Terrorisée, Rosalie s'était cachée derrière Antoine.

— Qu'est-ce qu'on va faire, maintenant ? se lamentait-elle.

Ben se tourna vers elle.

— Donne-moi le numéro de portable de ton père.

Il composa le numéro que lui dictait la princesse.

— Allô, prince François ? Vous devriez rappliquer vite fait au château. Nous venons de capturer les ravisseurs de votre fille. Qui nous sommes ? On vous dira ça plus tard. Ah, encore un truc : venez avec la police.

Quelles sont les deux preuves que les Invisibles ont contre les ravisseurs ?

Satisfait, Ben rangea son portable.

– Il arrive dans cinq minutes.

– D'ici là, on aura décampé, rugit Jean-Pierre en secouant la jambe pour se débarrasser de Watson.

– À votre place, je resterais tranquille. La pochette que notre chien a autour du cou est remplie d'explosifs, objecta Zoé. Un faux mouvement, et… boum !

Jean-Pierre se figea. Quelques instants plus tard, une voiture de police au gyrophare allumé arriva en trombe, suivie du véhicule tout-terrain gris métallisé du prince. Les deux voitures s'immobilisèrent sur le parking dans un crissement de freins. Deux policiers bondirent hors de leur auto.

— Voilà les hommes qui ont voulu m'enlever, dit Rosalie en désignant Léo et Jean-Pierre.

Watson tenait toujours les deux malfaiteurs en respect. Clic-clac. Avant même qu'ils aient le temps de compter jusqu'à trois, ils se retrouvèrent menottés.

— Rosalie, ma chérie, s'écria le prince François en s'élançant vers sa fille, ça va ?

— Oui, Papa, je vais bien, déclara-t-elle en se précipitant dans les bras de son père.

Qui Ben a-t-il prévenu par téléphone ?

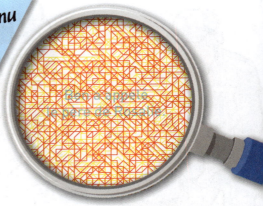

Après s'être tous deux longuement étreints, le prince se tourna vers Antoine, Ben et Zoé.

– Vous avez sauvé ma fille, vous êtes de véritables héros ! Merci !

– Oh, je vous en prie, dit Antoine. C'est surtout grâce à Watson. Sans lui, on n'aurait jamais réussi…

– Wouaf, wouarf, acquiesça la « dangereuse » bombe animale en remuant fièrement la queue.

L'un des policiers s'éclaircit la voix :

– Euh… on aurait encore quelques questions à vous poser.

– Pas de problème, dit Antoine en redressant les épaules. Nous sommes à votre disposition.

Les preuves dont nous disposons contre eux sont accablantes.

L'interrogatoire ne dura pas longtemps. Zoé prêta son appareil photo aux policiers. Antoine leur montra la lettre. Ensuite, Léo et Jean-Pierre furent installés à l'arrière de la voiture et celle-ci démarra dans un nuage de poussière.

– Miaou !

Deux chats venaient de sauter d'un rocher et se frottèrent contre les mollets de Rosalie.

– Ah, vous voilà enfin, mes petits tigres ! Vous m'avez tellement manqué ! s'exclama la princesse en riant.

Antoine, Ben et Zoé esquissèrent un sourire : les dangereux félins étaient donc des chats !

Le prince sortit trois billets de banque de la poche de son veston.

– S'il vous plaît, acceptez ceci en guise de récompense. Et pour vous, l'entrée au musée et la visite guidée seront dorénavant gratuites.

– Si ça vous intéresse, je vous montre la cage aux fauves, gloussa Rosalie.

– Euh… non merci, murmura Zoé.

Les trois amis enfourchèrent leur bicyclette.

– Attendez ! s'écria le prince. J'ai encore une dernière question à vous poser. Comment avez-vous pu pénétrer à l'intérieur du château ?

Antoine réajusta ses lunettes sur son nez.

– Désolé, mais ça, on ne peut pas vous le dire. Secret de détectives, vous comprenez…

Ben, Zoé et Antoine échangèrent un regard complice, puis les 4 Invisibles dévalèrent la colline en riant.

Question

Serais-tu capable de donner les noms de tous les personnages de cette histoire ?

Conseils de pro
pour ton club de détectives

Cryptographie : le code de César

Il paraît que l'empereur romain Jules César (100-44 av. J.-C.) utilisait déjà ce procédé pour transmettre des informations secrètes à ses généraux. Il remplaçait ainsi chaque lettre de son message par celle qui était située trois places plus loin dans l'alphabet. Ce code, également appelé « clé », fonctionne aussi, bien sûr, en décalant les lettres de quatre, cinq ou dix places.

Afin d'éviter de réciter à chaque fois l'alphabet en entier pour pouvoir décrypter le code secret, tu peux utiliser cette table de César. Décalque la rondelle et colle les deux cercles sur du carton.

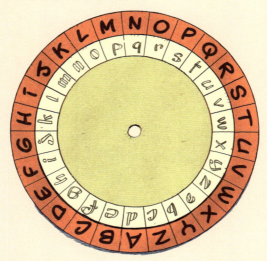

Les lettres du cercle extérieur sont celles de l'alphabet « normal », tandis que celles du cercle intérieur représentent l'alphabet codé.

Si ce dernier est censé commencer par un *d*, alors pose le *d* du cercle intérieur exactement sous le *a* du cercle extérieur.

Achevé d'imprimer en Espagne par Grafo à Basauri
Dépôt légal: Mars 2019 - Édition 01 - 22/4112/2